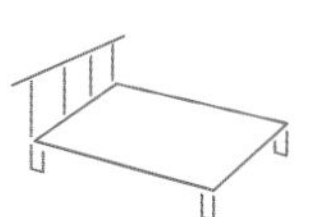

편백나무 침대

정경화시조집

목언예원

편백나무 침대

지은이 · 정경화
펴낸이 · 민병도
펴낸곳 · 목언예원

초판 인쇄 : 2020년 8월 25일
초판 발행 : 2020년 8월 30일

목언예원
출판등록 : 2003년 2월 28일 제8호
경북 청도군 금천면 선바위길 53 (신지2리 390-2)
전화 : 054-371-3544 (팩스겸용)
E-mail : mbdo@daum.net

ISBN 978-89-94733-91-3 03810

저자와의 협의에 의해 인지를 생략합니다.

값 8,000원

이 도서의 국립중앙도서관 출판예정도서목록(CIP)은 서지정보유통지원시스템 홈페이지(http://seoji.nl.go.kr)와 국가자료공동목록시스템(http://www.nl.go.kr/kolisnet)에서 이용하실 수 있습니다.(CIP제어번호: CIP2020034349)

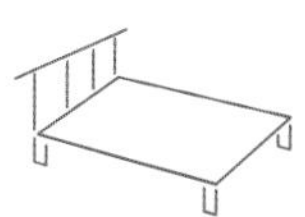

편백나무 침대

정경화시조집

목언예원

■ 시인의 말

아집의 비늘을 떼낸 물옷을 짓습니다

청동의 단추를 채운 불옷을 짓습니다

그 마저 입지 못한 채 맨몸으로 섭니다

2020년 8월

정 경 화

CONTENTS

편백나무 침대

— 정경화 시조집

천의 실밥, 그대로

세컨 하우스

20년 전, 보란 듯이 땅을 산 친구 있었다
풍경을 다 차지하고도 담을 넘는 붉은 넝쿨,
집값이 몇 곱절 오르니 팔고 가서 또 지었다

그때 나는 숨겨 놓듯 가슴에다 집을 지었다
양철 덧대 못을 박고 역광 아래 풀꽃 심어
늦도록 터를 갈아도 아무도 묻는 이 없는

20년 후, 녹물 배인 나의 집은 청동빛이다
함부로 팔 수 없는 달빛 쪽창 흰 그늘,
누마루 햇살을 건너 적막 한 채, 너볏하다

물의 변주곡

그를 마주하면 나는 자꾸 물이 된다
또 한 층 낮아져야 닿을 수 있는 강
아니다 몇 겹 더 내려서야 몸 섞이는 그 바다

아니아니 착각이다 그의 품은 적멸이다
오롯이 재만 남은 천년의 아궁이 속
서늘한 믿음을 숨긴 수만 개의 불씨다

더 높이 나래 펴고 나는 이제 불이 된다
아, 아니 또 아니다 그리 견줄 틈이 없다
차라리 오선 밖에서 몰래 만난 천둥이다

그림자 백서

싹 함께 틔었다고 같은 꽃이 될 수 없다

잎 함께 떨군다고 같은 나무 될 순 없다

뿌리를 함께 섬겨야 비로소 하나 된다

미롱媚弄

헤프게 웃지마라 그렇게 배웠거늘
눈 멀었던 사랑이여 그 사랑을 버릴거나
그 붉던 혀를 잘라서 아버지께 바칠거나

아버지, 내 몸에는 당신 피가 흐르지 않아요
목중탈로 얼굴 가려 저자거리 떠돌거나
품바의 가랑이 속에서 꽹과리를 칠거나

다 늙고 처진 어깨에 그예 봄은 왔소만
눈물이 피운 꽃에 꾀꼬리가 놀다 갈거나
무명無名을 허공에 흩어 금빛 미소 지을거나

*춤의 극치에서 짓는 미소

마의魔衣

그대와의 끌탕에선 언제나 맨몸이어서
아집의 비늘을 떼낸 물옷을 짓습니다
딱 맞아 편하다가도 천 갈래로 찢어질

그대와의 끌탕에선 한 순간 미라로 굳어
청동의 단추를 채운 불옷을 짓습니다
싸늘히 식어가다가도 만 갈래로 타오를

제 풀에도 뒤집히는 야성의 난바다여
서사마저 숨겨놓은 비밀의 용광로여
거망빛 갑옷을 지어 그대를 입습니다

대우헌大愚軒

꽃과 함께 산다는 건 중정을 내주는 것

나무와 산다는 건 마당도 다 내주는 것

그리고 무릎 꿇는 것, 코 박고 엎드리는 것

편백나무 침대

내 작은 집 지으면 선물 하나 받고파요
사각의 몸이지만 향내가 둥근 뼈대
딱딱한 꿈길은 건져 쿠션같이 기대고파

맨발로 걸어왔던 오래된 숲 그늘
하늘을 꿰뚫고도 닿지 못한 그 높이
햇살과 바람이 잴인 간격만은 따스하겠죠

눈치 없는 긴 잠일랑 새들이 깨울거구요
살갗에 소름꽃 피고 보송보송 귓밥 젖으면
편백숲 새벽을 건너 하얀 시를 밝힐게요

현수교

아슬히 걸린 기도
그 기도의 꼭지점과

가늘게 늘인 노래
그 노래의 소실점이

1밀리 오차도 없이
팽팽하게 당긴다, 너

종이꽃

마지막 꽃잎 지고 이별처럼 비 내리면

눅눅해진 약속들을 다림질하는 얇은 꿈

다시금 너를 접는다 나를 넣어 접는다

번개가 맛있다

그가 치는
번개는
오싹오싹
맛있다

천둥까지
돌돌 말아
홑이불로
덮어쓰고

달콤히
튀겨서 먹는다
한 버지기
야식 사랑

밤바다를 읽다

1.
풀벌레가 오래 울자
잠긴 달이 걸어 나왔다

침묵과 아우성의
협연이 시작 되었다

어둠이
그대를 밝혀
내가 보이지 않았다

2.
달빛 읽는 등대와
파도를 듣는 풀벌레,

고요와 울음들이
몸 섞어 비비는 곳

누군가
서서히 보이고
나를 깊이 묻었다

타투

당신과의 짧은 밤은 바늘로 새겨야죠

내 살갗은 무명천, 잘 마른 화선지죠

풍성한 아픔의 질감, 천千의 실밥 그대로

비단수를 놓아 봐도 입지 못할 한 벌 옷

붓으로 휘갈겨도 보일 수 없는 한 폭 그림

시리게 더욱 낱낱이 생살 가득 새길 밖에요

연민 저울

흐르는 강물 안에
갇혀 우는 물풀 있다

흔들리는 갈대 안에
몰래 우는 물새 있다

그쳐라
가여운 건, 바로
나를 재는 내 눈이다

모닝콜

붉은 목젖
고이 삭힌
가야 솔숲
뻐꾹새로

푸른 목청
꼭꼭 재운
동해 바다
돌고래로

그대를
깨우기 위해
언제라도
웁니다

뜨거운 손

핫핫한 아픔들이 단추를 풀었다
울컥 드러난 솔기, 함부로 뜯어내다
천 갈래 낮게 달려온 물의 손에 잡혔다

속속들이 죄를 펼쳐 기도 아래 눕는다
철썩철썩 후려치는 지독한 죽비 끝에
눈부신 까닭들만이 다시 갇혀 맴돌고

꽉 깨문 반벙어리 눈물 말아 삼킨다
닳도록 때를 씻고 이름마저 띄워 보내면
멍울져 흐르지 못한 길, 하얀 피가 돌지 몰라

신미인도新美人圖

장육산 마애불 앞 참꽃에게 홀렸네
입술은 가늘어도 속엣말은 따스해
낫낫한 등줄기 너머 북풍도 이겨냈네

따라 온 모래 먼지 희뿌연 길 앞에서
뼈마디 다 삭고도 비사치는 기도 앞에서
큰 바위 받치고 앉아 꿈쩍 않는 엉치 좀 봐

칼 한 자루 창 한 자루 몸에 품지 않아도
섬광의 눈빛 아래 닮아왔을 화엄미소
슬며시 부처는 두고 그 미인만 훔쳐오네

생의 저 반올림표

추섬 민박

고동 소리 아주 끊긴
봄밤이 익어가네

섬의 문살 칸칸마다
고사리빛 등을 끄면

바다를 뒤집어쓴 채
철썩철썩 어느 초야初夜

피아노

소리의 가장자리에 먼지가 하얗다
다 낡은 악보에 걸린 생의 저 반올림표
오늘도 헛짚어버린 검은 건반 총총하다

'소녀의 기도'로 처음 너를 만났을 때
세상은 짧고 경쾌한 물방울 무늬였다
아직도 온음이 되지 못해 부서지는 내 기도

무작정 오르려 했던 욕망의 굽이었나
때로 반을 내려도 그 또한 온음인 것을
지긋이 낮추는 소리, 바람귀가 환하다

눌연訥淵

강물도 가다보면 오래된 쉼터 있다
바람도 걸터앉은, 기다림이 환한 벼랑
만 갈래 흐름이 모여 스스로 갇히는 못

몸은 빠져 나가고 혼만 남은 것일까
때로는 더듬더듬 때로는 느릿느릿
또 다른 고요의 깊이, 숨이 끓어 넘는다

용머리 전설 따윈 구름책에 넘겨주고
천 년 쌓인 허물까지 깨끗이 밝힌 개연,
문 없는 감옥이라며 승천을 꿈꾸는 못

*동창천이 흐르다가 꺾어진 벼랑 아래 만들어진 못

부메랑

꽃을 주고 오면
향기는 내게 남았다

욕을 뱉고 나면
그 침은 내게 튀었다

세상은
不二의 노래
되돌아와 퍼지는 것

등신불

칡순도 혀를 빼문 8월 땡볕 동창천에

엉덩이 물에 담궈 고디* 줍는 여인 있다

목줄은 물살에 걸고 아제아제 바라아제

꺾어진 빛살마다 거품 이는 물꽃송이

가난보다 더 딱딱한 등껍질에 똬리 틀어

시름돌 하나씩 걷으며 뜰채 뜨는 등신불

*고디 : 다슬기의 경상도 사투리

감말랭이의 버스킹

신발과 먼지 사이 볼이 붉은 청도 장날
누대의 속살을 말린 대추랑 고추 곁에서
꾸들한 감말랭이가 제 꽃물을 노래하네

바람은 달아나며 달래듯 돌아보고
불콰한 햇살의 취기, 길목 가득 살핀다
웅크린 주인 식판엔 짠지만 수북하다

앞니 빠진 할매까지 야무지게 잡아끌고
애꾸눈 천씨 아재 뒷꽁무니 붙었으나
무참히 패대기쳐진 난전이 화덕이네

하사荷史

오래된 물음 같은 글씨 한 점, 접신하네
경주 교동 최씨 고택 먼지로 돌아앉아
아무도 아는 이 없이 옛 못 터 홀로 지킨

뻘물 가만 갈앉히면 늘 푸를 줄 알았지
바람만 이겨내면 더 꼿꼿할 줄 알았지
덜 마른 서책 한권에 사느랗게 놓인 붓끝

꽃은 꽃을 쓰지 않네 꽃은 꽃을 말하지 않네
어룽진 물빛 사이 제 그림자 거울 삼고
적막에 디딤돌 놓아 건너온 꿈의 쉼표

달빛 합장

기도가 끝나기 전 겨울은 시작되었다
가시덤불 넋을 재운 바람마저 휑한 강변,
아직은 놀빛이 남아 따스한 돌이 있다

물길을 곁에 두고도 목은 왜 자꾸 타는가
흐르다 멈추는 일, 돌부리에 새겨둔 채
만 가지 물음을 굴린 저 불립문 경전 앞에

우우우 갈대 울음에 가만히 귀를 닫고
움켜쥔 빈 주먹 풀어 다시 모은 달빛 합장
어둠에 얼굴을 묻고 뒤척이는 돌이 있다

뚜껑 2

솔잎을 재웠다 35도씨 독주를 덮어
소멸이 아니라며 쓸쓸히 벌이는 사투
지긋이 통점을 달래는 강열한 저 입맞춤.

진액이 흘러나온다 설익어 풋내 나는
탱탱한 허파꽈리 명치 아래 구겨 넣고
터질 듯 간절한 합일合一, 사랑을 압축한다.

활주로

4월 하늘마당, 꽃잎들의 활주로다
착지가 당당했던 매화 꽃등 미늘 따라
하르르 벚꽃 나래가 한껏 높아 부시다

지도에는 그리지 못할 저 찬란한 먹울음
봄은 늘 위태로운 기어를 당기지만
모과꽃 침샘을 열며 출발선에 또 선다

나도 꽃

밤이 준 훈장은 왜
분홍빛이 아닐까

별 아래 시 외우고
그 시 속에 달 재웠는데

검버섯
나도 꽃이라며
요기조기 우길 뿐

어떤 오찬

석남사 오르막길 팽나무 그늘 아래
호객에 지쳐가며 김이 오른 리어카에
구수한 옥수수 내음, 허기를 부풀린다

한 입 두 입 씹다말고 후욱, 뱉은 계곡물에
쏜살같이 달려드는 버들치떼 피가 튄다
사투가 끝나자마자 숨이 멎듯 환한 고요

생각느니 밑밥 아래 난 어떤 주자走者였나
아직도 휘슬이 없는 쓸쓸한 심판의 눈,
한 순간 무섭게 사라진 초대받지 못한 오찬

연두

중년의 빠렛트에 반납 못할 색이 있다
꽉 잠긴 튜브 안의 말랑한 이력서
온몸을 풀어내어서 찍어 봐, 번져가 봐

함부로 피지 못한 여리고도 어진 모성
뿌리가 지켜내고 혹한酷寒이 품어왔다
초록의 지어미라고 춤을 추는 봄 들녘

소풍

시어머니 모시고서 단칸방에 살던 이모

가끔씩 소풍 간 곳, 길 건너 모텔이었다

붉도록 달아올라서 탱탱했을 꽃신발

도심길 구석구석 모텔들이 번쩍인다

저 건너 아파트에도 효부들이 많은 건가

야릇한 미소가 캐는 어느 소풍의 뒤꿈치

금국 다비

배냇빛 햇살이
오보에를 키는 한낮

꺾은 꿈, 살짝 쪄서
짭쪼롬한 혼을 품네

바람이
되새김질한
향 깊은 사금가루

그런, 나

화려한 꽃으로만 피고 싶지 않았다
강 건너 동굴 앞에 참나리, 나리 같이
멀어서 더 붉은 빛깔, 아침놀과 견주는

단단한 열매만으로 익고 싶지 않았다
산 너머 외딴 마을 산모과, 모과 같은
깊어서 더 진한 향기, 깨금발로 별에 닿는

강바람에 젖던 단심 아무도 모르라고
산바람에 찢긴 천심 아무것도 아니라고
상처도 가볍게 터는 그런 꽃, 그런 열매

손도마

골목시장 묵집 할매는
손바닥이 도마다

단단한 나무가 된
물컹하던 손금의 길

수십 년
난전에 내놓은
값을 잃은 골동이다

사릉사릉 호르르릉

봄, 물소리

운문 계곡 너럭바위
천년의 사타구니를

사릉사릉 호르르릉
감고 풀고 풀고 감네

지극한
교태를 너머
읽어가는 풀꽃향

삼대목三代木*

혹여, 남은 생이 또 밑자리로 눕더라도
꽃구름 단비 불러 곳곳에 침을 놓아
뻥 뚫린 나이테 밖에 새 길을 만들었다

안개가 안개를 모는 아리산* 첩첩 골짝,
상처의 기울기가 받치고 선 절대 중심
다시금 잇고 이어서 천년 꿈을 꿰고 있다

이끼에 맺힌 어혈 새순으로 풀어주고
무서리 시린 만큼 서로 꽁꽁 안아주었을,
다 썩은 뿌리를 모셔 등신불로 앉았다

*대만에 있는 명산, 3대가 함께 엉겨 자라는 나무가 있다

무섬을 건너다

물길일까 꿈길일까 은모래빛 외나무다리
무섬 색시 꽃가마 타고 수줍게 건너가네
다시는 못 나온다고 살방살방 물이 웃네

소문처럼 번져가던 노을마저 해쓱해지면
무섬 할매 꽃상여가 서럽게 건너 오네
이제는 돌아가라고 글썽글썽 물도 우네

웃고 우는 물에 잠겨 섬이 된 사람들이
강바닥 드러날수록 높이 쌓던 금모래성
달빛도 물 위를 건네, 그림자도 함께 건네

휠체어가 있는 바다

꾸깃꾸깃 접혀진 길 바다에다 펼칩니다
돌아가지 못한 별들 등댓불에 감춰두고
또 하루 돛을 꿰매며 어둠을 굴립니다

그리움 쌓이기 전, 흰 물새 떼 다 데불고
두둥싯 섬으로 오는 새끼들을 반깁니다
등 굽은 수평선 위에 손을 얹는 막바지길

네살박이 증손녀가 끄응끙 노 저으면
웃음 끝에 간지럽던 해풍마저 돌아가고
기꺼이 순해진 파도, 은빛 융단 펴줍니다

가을, 정물

자작나무 숲입니다
텅 빈 미술관 벤치

낙엽이 오래도록
바람을 굴립니다

방치된
11월의 오후,
노부부가 놓입니다

이어폰 사랑

김밥과 미니 카셋트 알뜰히 챙긴다
지하철 무임승차 짐짝처럼 실려 와서
해종일 강변에 앉아 무심한 돌이 된다

나의 왼쪽 귀에 당신의 노래를 걸고
당신의 오른쪽 귀에 내 속삭임을 걸고
마지막 두 극의 만남 이제 거의 종점이다

'여기 강물들도 다 바다로 가겠지요'
강이 되고 바다가 되는 노부부의 귀엣말,
금호강 살찐 물소리 가을 내내 붉고 붉다

비밀번호

도무지 욀 수 없는 이름 낯선 아파트에

철통의 경계 너머 기다리는 무인 택배함

이따금 늙은 어미는 썰물처럼 다가간다

말문도 트지 않고 길 뜨는 바람처럼

들깨며 흰콩가루, 꽁꽁 싸맨 김치까지

수북이 넣어두고서 네 자리 수 입력한다

그래, 보지 않아도 다 줄 수만 있다면

아들의 생일쯤은 가슴에나 묻어야지

그리운 거품은 삭혀 밀물처럼 돌아선다

대합실 화장실에서

화장실 문 활짝 열고 볼일 보는 할매 더러
아이고 꼭지 할매 나는 마 다 봤데이
–뭐라꼬 남의 보배를 와 훔치 봐쌌노

훔치 보라꼬 문 열어 놓은 거 아이가
주인도 없는 보배 딸키나 하것나
–뭐라꼬 주인이 와 없노 저 하늘에 안 있나

나비방*

꾸어 살던 집인데 이고 갈 순 없잖아요

오십년 저당 잡힌 날개를 찾아와요

노잣돈 걱정은 말고 허물 얼른 벗어요

세 들어 살던 봄을 업고 갈 순 없잖아요

야울야울 불꽃 영혼 하늘에서 마저 태우게

차라리 한 발 먼저 가 새 꽃길을 만들어요

*장례 병원의 임종실 명칭

쯧쯧쯧

자인 장날 버스 계단에
할머니가 끙끙 거린다

“다리 힘도 없으민서
장에는 와 댕기능교”

“쯧쯧쯧
장을 봐야 힘 내제
궁디나 좀 받차주소”

폐선

겨울이 다가올수록 피는 더 따스해졌다

서리빛 새벽 등대, 수평선에 눈을 주면

한 순간 망설임 없이 묵비권을 푸는 어둠

모래에 뿌리내려도 삐걱대지 않았다고

제 몸이 소금기로 뿌옇게 덮힐 동안

마지막 출항의 깃발 화석으로 앉혔다

밀려와 노래가 되고 돌아가 침묵이 되는

노숙의 파도까지 고이고이 둥글려서

층층이 물이 밴 적막, 이불처럼 덮는다

가짜배기 이야기
–울릉도

저만치 겨울 오면 서둘러 떠나가네
진짜배기 섬사람만 독안에 갇힌 시간
할매가 밥을 앉히네 그 할배가 다 먹이네

빠끔히 지붕뿐인 나리분지 오두막집
사나흘 삽질 후에도 곱다시 눈 쌓이면
하늘 문 닫힐 때까지 온몸으로 영접한 섬

저만치 봄이 오면 귀신 같이 돌아오네
가짜배기 섬사람이 힐끔힐끔 캐는 시간
노부부 그리메 꽃섬, 그들이 밟고 노네

새벽 노을

장갑 한 쌍 도로 위에
납작하게 누웠다

한날한시 함께 가자던
우리의 약속처럼

깍지 낀
손가락 사이
붉게 피는 겹동백

조옹대釣翁臺*에서

설매雪梅가
그리워한 건
봄빛만이
아니다

큰 산을
낚고 싶었던
진홍빛
신열 끝에

먼 굽이
시간의 협곡
드리워진
단심가

*포은이 낚시를 즐겼다는 임고서원의 정자

뜨거운 노래
—다시 아우내에서

새벽을 찢어 우는 쇠북이 아니었다
광야를 달려가는 말발굽도 아니었다
어둠을 단숨에 밝힐 불덩이, 불덩이였다

못 갖춘 마디 안에 웅크린 학생들이
빗장 건 뒷골목의 장꾼들과 손잡았다
부러진 날개를 펼쳐 산과 맥을 태우던 날

금지된 말일수록 입술은 더 붉더라
악보 하나 없이도 수없이 복제된,
죽어도 죽지 않는 노래 "대한독립 만만세"

꿀팁

구걸하듯 받는 것은 진짜 팁이 아니다

한 길로 그저 묵묵히 끌어올린 물관부,

정월의 폭설 한가운데 납매가 터졌다

아기 엄마, 먼 엄마

04

아기 엄마 1

저물 녘 기다려주던
엄마는 나무였네

꼿꼿하던 그 나무가
이제는 푹 주저앉아

누워서
또 기다리는
그루터기 되었네

아기 엄마 2

큼큼한 꽃무늬 시트
뼈가 집인 엄마 곁에

육중한 딸을 뉜다
늘쳐진 젖 조무린다

손사래 얹은 미소에
병상이 다 환하다

아기 엄마 3

진홍빛
뜨겁던 입술
혀짜르기
아기 됐네

싸탕 줘,
따리 아파
쒸 마려,
만눤만 줘

그래도
귀여운 엄마
살아있어
고마운

아기 엄마 4

얄미운 응석쟁이 지독한 짜증쟁이

내 4살도 그랬다고 내 사촌긴 더했다고

엄마의 엄마가 되어 당해보래요 호되게

아기 엄마 5

1
이승을 꼭 붙들려는 저 집념이 귀엽다
깡마른 젖가슴에도 단춧구멍 꼭 채우고
푹 젖은 기저귀마저 사수하는 여자의 중심

2
소풍 가자 떼를 쓰는 눈빛 또한 초롱하다
철딱서니 없어서 혼낼 수가 없어서
목청껏 떠나가 보는 '울고 넘는 박달재'

3
남편도 자식 이름도 까마득 잊어버리고
호흡은 더 깊숙이, 발음은 더 또렷이
제 이름 꼭 꼭 깨무는 그 집념이 귀엽다

아기 엄마 6

눈이 더 되어 줘도 기꺼이 좋으련만
발이 더 되어 줘도 보란 듯 좋으련만
이제는 바라는 것이 하나 밖에 없는 엄마

'등 좀 긁어봐라 좀 더 박박 긁어봐라'
'시원타 시원타 어휴어휴 시원타'
안경도 신발도 아닌 등 긁개 손이 되네

더 이상 읽을 책도 더 이상 갈 길도 없어
등 거죽에 심어두신 찔레분 엄마내음
손톱 끝 반달로 쟁여 깎아내지 못하네

아기 엄마 7

앞니 서너 개라도 불평 없는 울 아가
오물오물 깔끔 떨다 흘리고만 청포도 알
송송송 부끄러움이 젖니 되어 솟네요

아기 엄마 8

죽어야지 죽어야지, 왜 이리도 안 죽을꼬

봄 햇살, 봄 바람 아래 또 노래를 부르신다

그 박자 맞추지 못해 봄비 되어 젖습니다

아기 엄마 9

어릴 적 싸움닭 친구
외나무다리에서 만났다

이 빠진 앙숙의 칼날
그마저도 녹이 슬고

말 잃고
귀 먹은 지금
사이좋게 쌔쌔쌔*

*손율동 놀이

아기 엄마 10

새소리 물소리
영상으로 담아가면

간신히 실눈 뜨며
쫑긋해진 맑은 엄마

홀로는
오를 수 없는 산,
다 늦은 동행입니다

아기 엄마 11

잠만 자는 아기였다
유리관 속 공주처럼

울지 않는 아기였다
오세암 동자승처럼

그렇게
손 놓으려고
작심한 엄마가 있다

아기 엄마 12

더 울어도 괜찮아
눈물 마른 내 아가야

더 보채도 괜찮아
잠만 자는 내 아가야

만 번의
뉘우침에도
듣지 않는 내 엄마야

아기 엄마 13

아직 남은 길을 두고 허공에 묶인 두 발
뼈에는 살이 붙고 살에는 뼈가 패여
열 가락 다 지워져버린 마른 길을 봅니다

더 이상 걷지 말고 꽃밭에 누우세요
각질도 꽃잎 같이 구린내도 풀향 같이
이제사 두 손으로 감싸 얼굴 닦듯 닦습니다

죽음의 밑자리에 눈물을 말아둔들
채비 끝낸 화석의 말, 받아쓸 수 있을까요
내 몸이 화살이라도 닿지 못할 성전입니다

아기 엄마 14

생떼 같은 하루하루 신의 뜻도 다한 건지
아무리 불러봐도 가물가물 눈을 감네
소리쳐 깨우려 해도 뉘엿뉘엿 귀를 닫네

엄마의 소녀를 꺼내 풀꽃반지 끼워주고
엄마의 처녀를 만나 옛사랑도 들어주고
엄마의 엄마를 찾아 내가 아기 되고픈데

말문도 그예 닫고 이승쪽문 마저 닫아
민달팽이 느린 숨에 뼈만 남은 작은 집,
그 마저 짐이 될까봐 미라처럼 웅크리네

아기 엄마 15

비 오고 눈 온다며 약속을 미룰 때면
괜찮타 괜찮타며 '시간 날 때 와라' 였지
때로는 더 당당하게 '안 와도 된다' 셨지

먼 훗날 하늘에 박힐 그리움의 첫, 자리
그 이미 꿰뚫고서 마음껏 양보하셨나
때 늦은 먹울음 닦아 반겨주는 별 하나

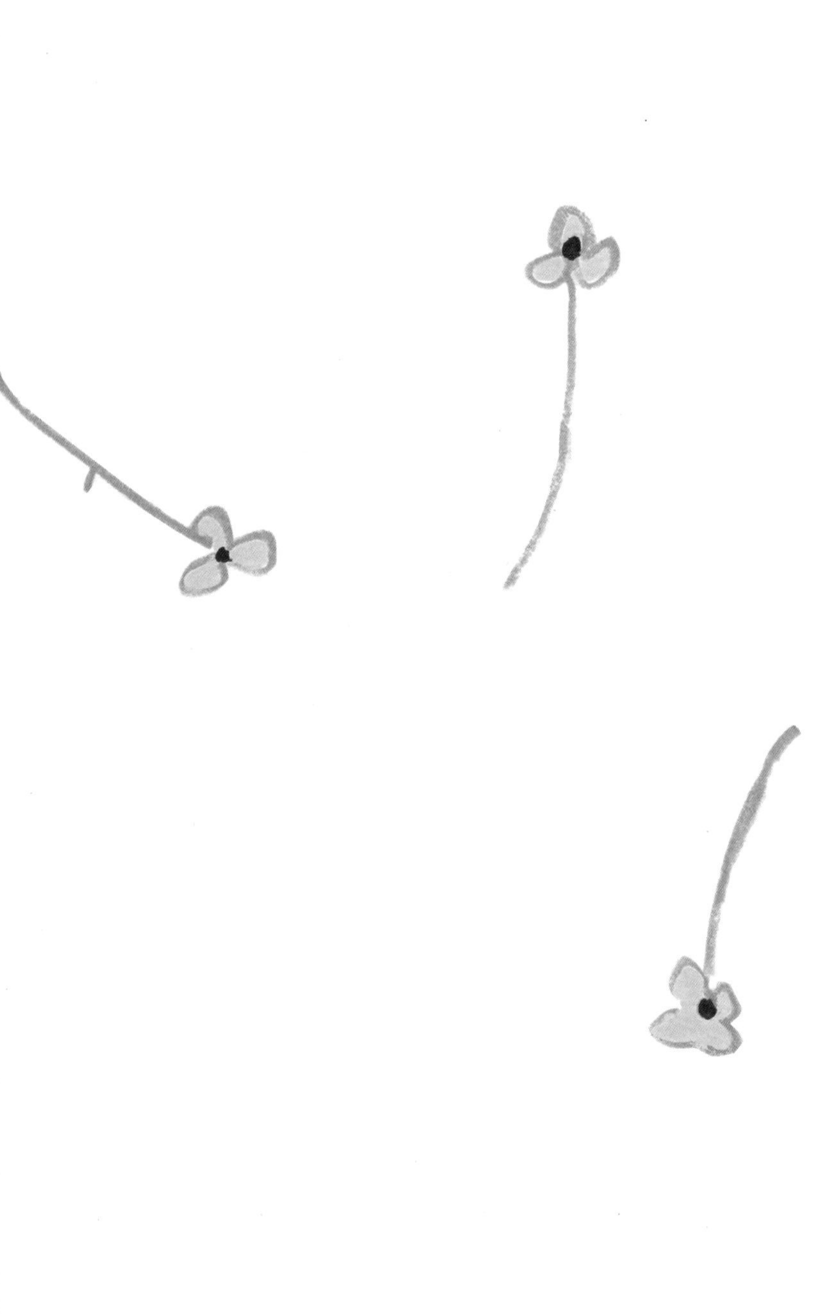

가루비야 가루비야

가루비야 가루비야

그대는 2월 적벽!
나는야 봄비야요

색시비, 자드락비
오란비로 거듭나다

솔솔솔
칼금에 스미는
시詩야요 별이야요

*자드락비 : 소나기
*오란비 : 장맛비

찔레꽃

추억이라 말 않을래
알종아리 아띠 생각

설렘이라 말 않을래
돌담 넘는 가시입술

그리움 더욱 말 않을래
분내 가득, 먼 엄마

*아띠 : 친구의 옛말

간판이 부른다

동촌 강변 강변상회
오십년 째 젖어있다

물빛에 녹은 과자
아삭아삭 먹는 아이,

궁서체 낡은 손짓이
끌고 오는 빈 배 한 척

칡꽃

꽃을 좋아하지 않는 그가 멈춘 그 꽃,

동창천 밤물소리 질기도록 씹어 담아

하늘로 쏘아 올리는 그리움의 물구나무

스크래치

까짓 거 딱 한 번이라며 명품백 사러갔다

백화점 지하주차장 스친 듯한 외제차 범퍼,

후다닥 다가가보니 자국이 시꺼멓다

치켜뜬 눈 위로 CCTV가 움찔댄다

이미 찍힌 혐의에 후두둑 비가 치면

무뎌진 감각보다는 오지랖이 더 미웠다

가슴에 큰물 지며 명품백이 떠내려간다

때마침 나타난 주인 "원래 있던 자국이에요"

제 분수 못 지킨 죄목, 제대로 긁힌 하루

사랑이 놀다

철벽이
가로 놓이면
더욱 붉게
피면 되지

절반의
화폭에 핀
고혹빛
다알리아가

등 돌린
달빛 아래서
뛰어놀던
다
  락
    방

*월북 화가 이쾌대, 그 부인 유갑봉은 남편의 그림을 아무도 몰래 다락방에 숨겼다가 해금이 되고 난 뒤 세상에 선보였다

반딧불이
–광복 70주년에 부쳐

북만주 덤불에서도
밑불은 횃불이었다

날마다 구겨 넣던
연옥의 마룻바닥

이제는
강강수월래
달빛 들고 강강수월래

호접몽
–탈남

꿈틀대던 누에의 꿈, 한 순간 눈부셨다

민머리 새벽달의 허기진 배웅 앞에

몇 꺼풀 걸린 살점은 철책에 바둥댔지만

125번 꼬리표엔 남별들도 똬리 튼다

한 끼의 가벼움마저 찬물에 말아 들고

어디로 가야만 하나 또 다시 누에가 된다

핸들

기도하는 마음으로 핸들을 꽉, 잡는다
달빛도 구른 비탈 간신히 빠져나와
안개가 점령해버린 굽은 길을 감는다

신호 없는 신작로에선 또 슬몃 거만해졌다
비포장길 돌이 튀면 온몸으로 받아치며
끝까지 함께 가져갈 변명부터 살핀다

다시 찬비가 내려 와이퍼와 동행할 시간
손금 안에 가꾼 꽃길 순식간에 사라져도
내 손에 잡힌 핸들을 함부로 꺾을 수 없다

동전 노래방

책상 위엔 꽃도 별도 차마 돋지 않았다

거머리 고 3 딱지, 뱃심 좋게 달고 와서

때묻은 동전 몇 개로 방탄소년단 불러낸다

피땀눈물* 다 주는 게 사랑임을 아는 그들

넓고 환한 광장은 어른에게 내어주고

칸칸이 장벽인 한낮, 지하에서 끓는다

아아 밖을 향한 외침도 꽃이 되고

안으로 삭히던 춤 그 춤마저 별이 되는,

햇살은 들지 않아도 한껏 피는 작은 방

*피땀눈물 : 2016 빌보드차트에 올라간 '방탄소년단'의 WINGS 앨범 타이틀 곡

어떤 삽화

칵테일 바 조명 아래
크르르릉 땅이 울었다

잽싸게 튀어 나가는
한 사내의 본능 질주

멍 때린
여친의 술잔엔
규모 9.0의 대지진이…

수섬 삘기꽃

허기도 자꾸 씹으면 껌처럼 질겨질까
질겅질겅 달큰하게 부풀던 목젖의 꿈,
바람도 6월 수섬엔 은실밥을 풀어둔다

서럽던 노을빛이 단물처럼 번져간다
소 치던 뒷동산에 솜구름도 혀를 빼면
가난이 익고 또 익어 침이 고인 성찬 한 때

핸들을 꺾다

꾸불텅, 늙은 길엔 누구나 주춤하지만
세상 밑창 다 드러난 주간지를 펴다보면
차라리 핸들을 꺾어 도망치고 싶었다

촛불과 태극기가 맞부딪는 광장마다
남모르게 숨겨놓은 거짓의 붉은 꽃술
어쩌면 제국의 상소문과 너무나도 닮았다

휙 꺾어 달려가는 적소의 초당마루
혈서와 찻잎 사이 잔 하나 올려두면
여릿한 낮달이 와서 푸른 댓잎 흔든다

물꽃, 불꽃

때묻은 두루마기는 이제 그만 벗어버리자
너울을 잠재우는 물로 짠 옷을 입고
동해로 동해로 가는 물꽃이 되어보자

피묻은 밀서들도 이제 그만 찢어버리자
철책도 녹여내는 불로 쓴 상소를 들고
북두로 북두로 가는 불꽃이 되어보자

우리 가진 무기가 물꽃과 불꽃이라면
천 갈래 꺾이며 가도 독도는 거기 있고
만 갈래 찢기며 가도 통일은 거기 있다

조국 앞에 우린 이미, 내가 없는 벌거숭이
달빛 거울 비추면서 온 세상 꽃밭을 일궈
또 다시 흘러야 하리 그렇게 피워야 하리

여진

흔들리며 지킨 것이 그대 안의 꽃이었다

아무렴 하늘이여, 그 천둥 벼락에도

한 순간 무너진다고 의심한 적 없었다

뒤채는 강을 두고 눈 감는 산을 보라

어엿한 유혹에도 한사코 지킨 내력,

땅이여, 너의 울음은 그저 울음일 뿐이다

상사화

그가 섬에 오는데
나는 섬을 떠나네

너울너울 너울파도
뱃길은 또 어긋나

나 대신 그는 갇히고
나는 홀로 떠도네

철거 예정지

끈적한 미끼였나
'철거'라는 붉은 글씨

옳다구나 몰래 넘는
들고양이 한 쌍 있다

사랑은
거미줄 아래도
꽃밭 되어 엉기는 일

짜증꽃

스마트폰 배우겠다며 달려드는 아버지에게

벌써 몇 번째냐고 투덜대는 그의 아들,

그것도 못 받아주냐고 토옥 쏘는 그 아내

엄마도 똑같네 뭐 눈 흘기는 맏딸에게

결국은 내 차지군 삐죽이는 막내딸

투박한 경상도 사랑, 대뜸 피는 너도 꽃

월식

벨소리가 다급하다
저 순간 놓치지 마라고

보이는 게 다가 아니라
있는데 가려질 뿐이라고

그는 늘 달빛 점 치고
나는 늘 그를 듣는다

작품해설

집과 꽃과 단單의 미학

/김상환

06

집과 꽃과 단單의 미학

김 상 환 | 시인

가장 닮고 닮은 주제가

가장 미친 듯이 새로운 것이다.

(파스칼 키냐르,『옛날에 대하여』)

1 체념과 지인知人, 그리고 정定과 형型

나무는 경계를 짓지 않는다. 너의 체념 안으로 나무를 새겨 넣고서야 나무는 진정 나무가 된다 Er grenzt sich nicht, Erst in der Eingestaltung in dein Verzichten wirder wirklich Baum. 릴케의 이 짧은 시(「새들이 제 몸을 던지는 공간」)에는 시인의 사명이 집약되어 있다. 세상을 어떻게 하면 한 편의 시 속에 고스란히 담아낼 수 있을까, 하는 말과 사물의 비밀이 내장되어 있다. 시의 본질이나 시인의 책무란 우리의 인식 주관을 무화시키고 체념하는 바로 그 자리에 있다. 그 체념의 자리에 다름아닌 사물이 현존한다는 사실. 체념諦念은 단념의 의미라기보다 어떤 도道와 리理를 깨닫는 마음이거나 깊은 생각으로서 체념體念이다. (고)시조 또한 그런 체념의 양식에 가깝다. 달이 지구에게 고유한 지인(하이데거, 「헤벨-知人 Hebel-der-Hausfreund」)인 것처럼, 가歌와 시詩는 오랜 지인知人이자 지음知音이다. 정형시定型詩로서 시조를 이해할 때 우리가 흔히 갖게 되는 오해는 정定의 개념이다. 정은 고정된 의미가 아니라 다른 방도의 자유, 즉 닫힌 열림이며, "인간이 인간을 넘어설 때 가능한 정신과 태도를 말한다. 정은 인간의 몸과 마음, 정신 활동이 멈춘 이후에야 비로소 나타나는 경지"(우석영, 『낱말의 우주』)와 여백이다.

그리고 형型은 거푸집이다. 하여 내부에는 새로운 자유와 다양한 변주가 가능하다. 시조의 정격과 변격을 이야기할 때도 정과 변은 이성과 감정에 편승하여 이해할 필요가 있다. "로고스에 화응和應하는 게 도道"라면, 정正은 오로지 이성에 머무는 것을 의미한다. 그런 정(격)의 시조에는 백수白水의 말대로 체격體格과 성조聲調와 품미品味가 있다. 그렇다면 변變은 감정이다.

서구의 저명한 장자 연구자인 채드 핸슨Chad Hansen에게 감정은 주어진 세계를 파악하는 수단이며, 일정한 방향과 질서와 리듬을 지니고 있다. 감정은 이성과 상상을 보다 높은 차원에서 통합하는 시에서 특징적으로 발견된다. 변격/파격의 정신과 방법이 새롭게 요구되는 현대 시조는 이성의 체體에 기반해 감정의 용用이 크게 부각된다. 이성의 감정, 감정의 이성으로서 새로움novelty은 "어떤 사물일 수가 없고 어떤 과정일 수도 없다. 그것은 일종의 비존재nothingness"(르노 바르바라스, 「새로운 것은 무엇인가?」)에 속한다. 비존재는 존재의 부정이기보다는 다른 차원의 존재를 말한다. 그런가하면, '현대'와 '시조'라는 모순의 일치 내지 대립의 통합은 우리가 함께 풀어야 할 여전한 과제로 남아 있다. 『풀잎』과 『시간연못』에 이어 새로이 펴낸 정경화의 시조집 『편백나무 침대』, 그 격조와 새로움은 무엇인가. 자연과 역사, 시간과 자아를 주제로 한 이번 시조집에서 단시조가 우선 눈에 띄며 많은 부분을 차지하고 있다. 또한 우리말의 아름다움과 타자의 윤리(성), 그리움의 질감이 농밀하게 착색되어 있으며, 집과 꽃의 이미지가 지배적이다.

2 집의 이미지와 존재

낭길은 조용하면서도 가파르고 멀다. 그 길은 낭떠러지를 끼고 있으며, 자기 실존과 대면하는 시간을 표상한다. "아무나 밟지 않"(「낭길」, 『시간 연못』)은 길은 "고요의 깊이"(「눌연」)로 주어져 인적 끊인 섬에 위치해 있다. 섬은 길이 탄생하고 세계가 열리는 장소다. 섬의 낭길은 존재에 이르는 길이며 진정한 시인의 길로서, "그리움의 끝"을 지시한다. 그것은 죽음보다 더 깊고 어두운 하나의 생명을 내포하며, "눈물이 피운 꽃"(「미롱媚弄」)으로 거듭나 있다. "새벽을 건너 (다다른) 하얀 시"(「편백나무 침대」)의 나라 시의 등불로서 집은, 고통 너머 "터질 듯 간절한 합일合一"(「뚜껑2」)로서의 사랑이다. 다음 작품을 보자.

20년 후, 녹물 배인 나의 집은 청동빛이다

함부로 팔 수 없는 달빛 쪽창 흰 그늘,

누마루 햇살을 건너 적막 한 채, 너볏하다

–「세컨 하우스」 마지막 수 ①

1.

풀벌레가 오래 울자

잠긴 달이 걸어 나왔다

침묵과 아우성의

협연이 시작 되었다

어둠이

그대를 밝혀

내가 보이지 않았다

2.

달빛 읽는 등대와

파도를 듣는 풀벌레,

고요와 울음들이

몸 섞어 비비는 곳

누군가

서서히 보이고

나를 깊이 묻었다

–「밤바다를 읽다」 전문 ②

고동 소리 아주 끊긴

봄밤이 익어가네

섬의 문살 칸칸마다

고사리빛 등을 끄면

바다를 뒤집어쓴 채

철썩철썩 어느 초야初夜

–「추섬 민박」 전문 ③

서시 격에 해당하는 ①의 경우 초장에서 종장에 이르는 과정을 보면〈빛→그늘→집〉의 이미지로 전개되어 있다. 이는 밝은 어둠, 즉 흰그늘의 미학으로 고아한 멋이 느껴진다. 이것은 시조가 아니면 드러내기 어려운 장면이다. 그러나 좀더 가까이 들여다 보면, 이 시조는 자본주의에 편승한 인간의 욕망과 집의 본래本來에 대해 묘사하고 있다. 여기서 집은 실제의 주거 공간이 아니라 세컨 하우스다. 휴식을 위한 별도 공간으로 기능하는 그 집은 달빛이 쪽창으로 스며드는 자연 그대로이며, 고가古家의 분위기를 연출하고 있다. 청동 거울(銅鏡)이 있고 누마루가 있는, 번듯하고 의젓한 반가班家의 사랑채, 지금은 흔적만 남아 있어 부재의 존재로서 적막한 집은 함부로 팔 수도 없고 팔아서도 안 되는, 마음의 집이다. 오늘날 집은 거주가 아닌 자본의 대상으로 전락한지 이미 오래다. 대지에 시인으로 산다는 것, 그것은 우리가 인간답게 살 수 있는 유일한 길이며, 인간의 소명은 시인으로서 지상에 거주하는 데 있다. 하이데거의 이 언명은 존재와 언어로서 집에 대한 인간의 예의에 속한다. 두 수로 이루어진 ②는 '밤바다'라는 시간과 장소를 다루고 있다. 그 집은 "고요와 울음들이"혼재해 있어 깊이를 가늠할 수 없고 말할 수조차 없다. 존재의 신비는 서로 대립된

속성들이 한데 뒤섞여 새로운 하나로 승화하는 데 있다. 고요가 울음이라면, 울음은 고요라는 집이다. “침묵과 아우성”의 경우도 이와 다르지 않다. 그것은 밤의 시간과 바다의 공간이 아니면 체득하기 어렵다. 밤바다가 바라보이는 뭍에 풀벌레가 운다. 물에 잠긴 달이 걸어 나온다. 밤바다엔 어둠이라는 빛과 소리만이 존재한다. 달빛과 파도가 있는 밤바다가 한 권의 책이라면, 그것을 읽고 알기 위해 나는 온전히 사라져야 한다. “나를 깊이 묻”어야 한다. 그랬을 때, 사물은 현현하는 법이며 누군가, 무언가 보이게 마련이다. “보이는 세계는 엄밀한 의미에서 눈에 보이지 않는 안감을 가지고 있다”(메를로-퐁티, 『눈과 마음』). 밤바다라는 집의 이미지가 바로 그것이다. 다시 말해 밤바다를 읽고, 밤바다의 집에 거주하기 위해 우리는 침묵의 소리를 들을 수 있어야 하며, 자신을 드러내 보이지 않고 온전히 묻어야 한다. 이는 부정의 생성이라는 현대 시조의 특징이다.

③의 경우 또한 바다를 배경으로 하고 있으며 단시조로 이루어져 있다. 단시조는 시인의 영혼과 형식, 감

각과 정서, 호흡과 내면에 가장 잘 부합한다. 단시조의 단單은 오래된 새로움으로서 고독한 길이며, 하나에 대한 사유와 방법을 요구한다. 이 시조는 우선 시간의 흐름과 심리적 추이가 아름답고 섬세하게 전개되어 있다. 봄밤, 추섬에서의 민박 체험은 초야初夜의 사랑을 환기한다. 사랑은 ①과 ②에서처럼 나를 깊이 묻고, 내가 사라진 자리에서 주어지는 선물이다. 살아있음의 황홀경이다. 초장에서 과일이, 아니 봄밤이 '익어간다'는 것은 릴케에 의하면, "죽은 이들의 비밀을 알아내는 시간이자, 삶과 죽음의 전체성에 다가서는 일"이다. 단시조의 '단單'은 삶과 죽음의 사이로서 바르도Bardo이자, 전체성이다. 그런 단 앞에선 "바람도 햇볕도 숨을 죽이"(이호우, 「개화」)고, "고동 소리(도) 아주 끊"기게 마련이다. 중장은 백미다. 초야를 치르기 전 상상 속의 기대와 두려움이 공감각적 분위기로 절정에 달해 있다. 그 옛날 창호지에 구멍을 내고 신방新房을 몰래 들여다 보던 기억과 상상을 가진이라면, 디테일한 언어와 이미지로 재현된 이 구절에 공감 백배일 것이다. 섬은 바야흐로 사랑이란 현玄으로 들어가는 관문이다. 그 사랑의 문과 살과 칸은 깊고 그윽한 것, 멀고 고요한 것, 신묘한 것으로 인해 숫제 검은 빛이다. 이제 등불마저 끄게 되면 아름답고 신비로운 첫날 밤이 치러진다. 밖엔 파도가 철썩이고 꽃이 붉다. 추섬에서의 민박, 그것은 가장 비루한 것이 가장 순결하고 드높은 것으로 꽃 피는 순간이다. 게다가 울림소리(ㄴ, ㄹ, ㅁ, ㅇ)와 안울림소리(ㄱ, ㄷ, ㅂ, ㅅ), 된소리(ㄲ, ㅆ)와 거센소리(ㅊ, ㅋ)의 앙상블은 또 어떤가. 다음 작품은 이번 시조집의 표제작이다.

내 작은 집 지으면 선물 하나 받고파요
사각의 몸이지만 향내가 둥근 뼈대
딱딱한 꿈길은 건져 쿠션같이 기대고파

맨발로 걸어왔던 오래된 숲 그늘
하늘을 꿰뚫고도 닿지 못한 그 높이
햇살과 바람이 잰인 간격만은 따스하겠죠

눈치 없는 긴 잠일랑 새들이 깨울 거구요
살갗에 소름꽃 피고 보송보송 귓밥 젖으면
편백숲 새벽을 건너 하얀 시를 밝힐게요

–「편백나무 침대」 전문

편백扁柏은 일본을 대표하는 나무 가운데 하나이다.『일본서기』에 의하면, '스사노오노 미코토素戔嗚尊'란 신神이 자신의 가슴 털을 뽑아 만든 것이 편백으로 전해진다. 이런 신성을 지니고 있는 편백나무 〈침대〉는 세 개의 연으로 구성되어 있다. 첫째 연의 경우, 화자인 나에게 있어 편백나무 침대는 하나의 집이자 뼈이며 신의 선물이다. 그것은 둥근 향기를 내뿜으며 쿠션같이 감정을 이완시켜 나를 치유하며, 내가 기대고 싶은 마음의 언덕으로 기능해 있다. 그런 점에서 뭉크가 말년에 그린「시계와 침대 사이에서」란 작품에 나타나 있는 침대 이미지와는 사뭇 대조적이다. 그도 그럴 것이 시계가 삶의 시간을 나타낸다면, 침대는 다가오는 죽음을 의미하기 때문이다. 둘째 연에서는 편백나무 침대의 근원을 떠올린다. 빛과 그늘, 사이–간격의 비밀이 그 근원이다. 가 닿을 수 없는 하늘 너머의 높이가 신이 거하는 장소라면, 햇살과 바람으로 가득하고 낮은 나의 집, 나의 침대는 따스하다. 마지막 연은 편백나무 침대와 숲이 갖는 시작詩作의 공간과 의

미를 드러내고 있다. 침대에서 달콤하고 오랜 잠은 새들이 깨우고, 살갗에 소름이 돋거나 원치 않은 소리가 귓전에 맴돌 때면 나는 새벽 안개, 하얀 시의 등燈 같은 편백나무 숲을 떠올린다.〈기대-상상-의지〉의 전개 구조로 되어 있는 이 시조에서 집의 존재론적 의미는 현실과 꿈을 잇는 가교, 마음이 거居하는 장소로서의 본질 혹은 은총과도 같다.

3 꽃과 시선과 미적 감수성

집의 이미지와 함께 이번 작품집에는 꽃의 모티브가 유독 눈에 많이 띤다. '종이꽃 · 나도 꽃 · 수섬 삘기꽃 · 물꽃, 불꽃 · 상사화 · 짜증꽃' 등의 시제에서 보듯이, 산야에 형형색색 피어나는 꽃만이 꽃이 아니라, 종이도, 나도, 물도, 불도, 그리워하는 마음도, 짜증도, 모두 꽃의 은유로 설정되어 있다. 꽃의 의미가 갖는 내포와 외연에 대해 좀더 자세히 살펴보기로 하자.

장갑 한 쌍 도로 위에
납작하게 누웠다

한날한시 함께 가자던
우리의 약속처럼

깍지 낀
손가락 사이
붉게 피는 겹동백
–「새벽 노을」 전문 ①

마지막 꽃잎 지고 이별처럼 비 내리면

눅눅해진 약속들을 다림질하는 얇은 꿈

다시금 너를 접는다 나를 넣어 접는다

–「종이꽃」 전문 ②

두 편 모두 평시조다. ①에서 꽃은 시간과 자아, 자아와 자연의 상관적 사유를 드러내고 있는, 사랑의 꽃이다. "서럽던 노을빛이 단물처럼 번"(「수섬 삘기꽃」)져 나가면, 사랑은 겹의 형태로 주어진다. 그리고 그 자리엔 겹의 동백처럼 붉고 환한 서로의 언약("한날한시 함께 가자던")만이 남는다. 그 꽃은 해가 질 때의 저녁 놀과는 다르게 날이 샐 무렵에 지고 만다. 새벽 노을은 그 시간 잠든 이에겐 더 이상 허락되지 않는, 사이 존재다. 새벽 노을이 아름답고 신비로운 것은 바로 이 때문이다. 손가락을 하나씩 엇갈리게 하여 맞잡은 상태의 깍지에 비견되는 새벽 노을은 겹과 사이가 빚어낸 시간의 꽃이다. 특히 이 시조의 종장(3 · 5 · 4 · 3)은 기본 마디와 호흡에 충실하면서 꽃의 시간을 특징적으로 보여준다. 시가 "심연을 응시하는 결정적인 시선"(이택광, 「불가능한 시, 그러나... : 바디우의 시론」)이라면, 종장 하나만으로 처리되어도 좋을 듯한 이 홑의 아름다움을 필자는 자꾸만 입안으로 되뇌이고 싶어진다. ②는 자아의 꽃이다. 종이로 만든 꽃, 지화紙花는 인위적인 만큼 다양한 변화와 변주가 가능하다. 은은하게 배어 나오는 지등紙燈이 화려한 샹들리에 보다 아름답듯이, 종이꽃은 실제 꽃보다 더 새로울 때가 많다.

여기서 종이꽃은 단순 평면이 아니라 입체, 즉 하나의

주름("너를 접는다 나를 넣어 접는다")의 형태를 지닌다. 이 주름의 꽃인 종이꽃을 펼치면 너와 나는 오롯이 드러난다. "몰래 우는 물새"처럼 정작 "가여운 건, 바로/ 나를 재는 내 눈"(「연민 저울」)이다. 이런 자기 연민으로서 종이꽃은 비非의 존재로서, 꽃 아닌 꽃이다. 굳게 맺은 언약도 눅눅해진 약속도 언젠가는 새벽 노을처럼 사라지고 종이꽃처럼 접혀지고 만다. 전체적으로 무("마지막")-무("눅눅해진")-무("접는다")의 시상 전개와 구조는 모든 것을 접고 내려 놓았을 때 가능한 백지의 꿈이자 춤舞의 세계다. 「칡꽃」("꽃을 좋아하지 않는 그가 멈춘 그 꽃// 동창천 밤물소리 질기도록 씹어 담아// 하늘로 쏘아 올리는 그리움의 물구나무")의 경우, 대상을 바라보는 남다른 시선이 느껴진다. 그것은 보랏빛 향기 때문일까, '사랑의 한숨'이란 꽃말 때문일까, 덩굴 식물의 특징처럼 뒤엉킴의 알 수 없는 비밀 때문일까, 아니면 이 모두를 감싸고 있는 그리움 때문일까? 그리움을 뜻하는 라틴어 데시데리움desiderium이 하늘의 별을 의미하는 시데라sidera에서 파생되고 보면, 칡꽃의 그리움은 대지에 물구나무 선 채로 하늘을 향해 있다. "흔들리며 지킨 것이 그대 안의 꽃"(「여진」)이라면, 다음은 역사 속의 꽃이다.

오래된 물음 같은 글씨 한 점, 접신하네
경주 교동 최씨 고택 먼지로 돌아앉아
아무도 아는 이 없이 옛 못 터 홀로 지킨

뻘물 가만 갈앉히면 늘 푸를 줄 알았지
바람만 이겨내면 더 꽃꽃할 줄 알았지
덜 마른 서책 한켠에 사느랗게 놓인 붓끝

꽃은 꽃을 쓰지 않네 꽃은 꽃을 말하지 않네
어룽진 물빛 사이 제 그림자 거울 삼고
적막에 디딤돌 놓아 건너온 꿈의 쉼표

–「하사荷史」 전문

시제인 '하사荷史'는 흔히 경주 최부자로 일컬어지는 최만선의 아호로서, 그의 고가古家에 있는 현판 중 하나이다. 제 1수에서 글씨는 단순한 문자나 기예의 차원이 아니라, "오래된 물음"이자 하나의 의두疑頭로 볼 수 있다. 그것은 마치 접신接神의 느낌을 갖게 한다.

고택, 먼지등의 시어는 신神과 함께 우리로 하여금 알 수 없는 신비의 세계로 인도한다. 현판은 지금의 꽃밭이 한때 연못이었다는 사실을 알고 있다. 그 비밀을 홀로 지키고 간직한 하사荷史는 기실 연蓮의 역사이다. 제 2수에서 시인은 "서책 한켠에 사느랗게 놓인 붓끝"을 본다. 붓의 '끝'은 시선이 머무는 장소이자 암점暗點으로서 일종의 푼쿠툼punctum에 해당한다. 그리고 '조금은 차가운 느낌을 준다'는 뜻의 '사느랗다'와 같은 순우리말은 이외에도 '야울야울'(「나비방」), '사릉사릉 호르르릉'(「봄, 물소리」), '가루비'(「가루비야 가루비야」) 등이 있어, 생동감이 있고 새로운 리듬감을 부여한다. 마지막 제 3수는 가장 돋보이는 대목이다. 초장에서 시인은 지금 꽃밭에 핀 꽃을 보고 묻는다. 꽃은 제 스스로의 역사를 알거나 쓰고, 말할 수 있을까? 쓰지 않고 말하지 않는다는 부정적, 단정적인 표현은 이러한 질문의 다른 방식이다.

중장에서 시인은 지금 사라진 연못의 어룽진 물빛과 그림자를 거울로 삼고 있다. 사라진다는 것은 소멸이 아니다. 장 보드리야르의 경우, "인류는 사라짐의 방식을 발명한 유일한 종으로서, 만약 사물을 명료하게 이해하고 싶다면 그 사라짐과 연관지어 이해해야 한다."(『사라짐에 대하여』) 인간과 자연의 역사는 언제나 음영이 있게 마련. 시인은 그 부재와 존재의 간극으로서 꽃의 역사, 즉 화사花史를 꿈꾼다. 그것은 '이조양양조以鳥養養鳥'(장자 외편 중 지락편)의 태도에서 혹여 가능할지도 모른다. 새의 마음으로 새를 기르듯, 꽃의 마음으로 꽃의 시간과 역사를 쓰고 말한다는 것은 꽃의 주름과 상처, 내재성의 내재성으로서 삶을 이해하는 일이다. 꽃은 "승천을 꿈꾸는 못"(「눌연」)이다. 다음은 집과 꽃의 의미를 함께 지니고 있는 「아기 엄마」 연작 가운데 하나다.

잠만 자는 아기가 있다
유리관 속 공주처럼

울지 않는 아기가 있다
오세암 동자승처럼

그렇게

손 놓으려고

작심한 엄마가 있다

–「아기 엄마 11」 전문

이번 시조집의 제 4부에는「아기 엄마」연작이 무려 15편이나 된다. 두 번째 시조집(『시간 연못』)에서도「어머니의 민들레」와「엄마의 방」이 있긴 하지만, 이렇게 집중적으로 쓰여진 것은 처음이다. "시인이기 이전에 사람이어야 한다"(『시간 연못』 자서)는 그의 믿음은 이 작품에서 충분히 드러나 있다. 인지 장애를 겪고 있는 엄마에 대한 사랑과 연민은 아기로 치환되어 "유리관 속 공주처럼" 말은 않고 늘 잠만 잔다. 우는 아기와는 달리 엄마는 "동자승처럼" 결코 우는 법도 없다. 내게 곁을 내어주지 않고 세상과의 이별로 내 손을 놓으려 "작심한 엄마". 이 유위("작심한")와 무위("그렇게"), 삶과 죽음의 사이에서 엄마는 멀다. 흐린 기억 속의 엄마를 생각하면 나는 언제나 청도의 감꽃과 감물과 감빛이 떠오른다("신발과 먼지 사이 볼이 붉은 청도장날/ 누대의 속살을 말린 대추랑 고추 곁에서/ 꾸들한 감말랭이가 제 꽃물을 노래하네",「감말랭이의 버스

킹」첫수). 아기-엄마의 이 상반된 이미지는 문학에 적용할 때 가장 오래된 것이 가장 새로운 것("가장 닮고 닮은 주제가 가장 미친 듯이 새로운 것이다."; 파스칼 키냐르, 『옛날에 대하여』)이란 은유의 진리에 해당한다. 내게 엄마는 또다른 집이자 꽃이다. "각질도 꽃잎 같(고) 구린내도 풀향 같"(「아기 엄마 8」)이 여전히 새롭고 영원한 생명의 '사름'(사람의 제주 방언. 모를 못자리에서 논으로 옮겨 심은 지 4~5일 후에 모가 완전히 뿌리를 내려 푸른 빛을 생생하게 띠는 일)이다.

4 에필로그, 혹은 정경情景이라는 꽃

시조집 『편백나무 침대』에서 집이 본질과 이성을 암유하고 있다면, 꽃은 현상과 감정에 편승해 있다. 그리고 집과 꽃이 존재의 진리를 드러내는 장소라면, 새로운 시선과 방법은 필연적으로 요구된다. 정경화의 시조는 기본적으로 자아와 실존에 기반해 있으며, 타자의 윤리와 미학으로 그 의미가 확장되어 있다. 특히 평平과 단單의 시조에 대한 형식과 형상이 돌올하며, 전체적으로는 현대시의 감각과 (평)시조의 균제미를 고루 갖추고 있다. 모든 것을 한 편의 완벽한 시 속에 되살리고 싶은 한흑(헤세의 단편 「시인」에 나오는 주인공)처럼, 시인은 정定과 형型의 새로운 전통과 실현을 애써 추구한다. 시간과 자아, 자연과 역사를 바라보는 눈과 마음이 두드러진 이번 작품집에는 무無와 공空의 감수성에 있어서도 각별한 데가 있다. 정경화는 하나의 꽃이다. 정情과 경景이 한데 어우러진 그것은 '눌연'이 빚어낸 꽃이자, 미롱媚弄이다. 꽃 핀 집에서 모으고 "흩어진 마음의 시간은 얼마나 슈만적인가"(미셸 슈나이더, 『슈만, 내면의 풍경』). 얼마나 너볏한 누마루인가, 휘영청 달빛인가.